PLAN DE DESARROLLO

MUNICIPIO - GUANANICO

ASOCIACION GUANANIQUENSES FUTURISTA

2016

Elaborado Por Arq. Grecia Hiraldo Tamayo

ISBN1535175389

Diseño, diagrama, impresión y terminación GMHT USA.

Hecho en USA   Middletown, DE

Julio, 2016

ECONOMIA - SOSTENIBLE

MUNICIPIO - GUANANICO

2016

INTRODUCCION

El plan de una economía sostenible surge para Guananico; después de que se crea la Asociación Guananiquenses Futurista. La asociación surge por mi preocupación cuando visitaba en diferente época a Guananico y tuve algunos, encuentros fallidos con la máxima administración pasada del ayuntamiento de este municipio. La directiva de esta asociación representada por quien le habla, Mario Hiraldo Núñez, Sonia Francisco Ulloa, Agustina Hernández y Víctor Silverio. Tratamos de contactar a los residentes o alguna institución que estuviera interesada en el tema, pero todas las puertas estaban serradas para nosotros. Buscándoles respuestas a un problema visual de decadencia que presentaba la comunidad. Entre plática que teníamos Mario y yo, nos dimos cuenta que podíamos ayudar a resolver el problema. En mis tiempos de ocios comencé a buscar información porque no sabía cuál era el problema real. Al no tener datos exactos comencé a recopilar datos históricos formándose un libro (GUANANICO SU HISTORIA Y YO). Con las discusiones que los Guananiquenses tenían en Facebook; comencé a entender un poco la problemática de Guananico. Lo que nunca entendí ¡Si Guananico se dedica al turismo! ¿Por qué estaban mudos? Esto, me remonto a la época de la conquista. Hice un poema que nunca en mi vida había hecho (¡OH GUANANICO!). En este poema trate de recordar la historia colonizadora y Solo se podía decir lo que los colonizadores querían que se dijera. Tratando de entender la problemática de Guananico me tomo más tiempo que elaborar este "PLAN DE DESARROLLO".

ASOCIACION
GUANANIQUENSES
FUTURISTA

ECONOMIA - SOSTENIBLE

El propósito de esta idea, es que Guananico se convierta en un modelo a seguir; creando los elementos esenciales, para el crecimiento saludable de las familias comunitarias de Guananico. Si logramos una economía sostenible, con la cual la población pueda satisfacer sus necesidades sociales y comunitarias; basándose en la producción y en el turismo diferenciado, competitivo y sostenible que les traerías a las comunidades beneficios económicos dejando atrás la participación sin fines de lucros.

Esta propuesta ésta acompañada con un libro (Arte-cultura y Merengue) que servirá de apoyo a su proceso de desarrollo.

Si esta idea es aceptada, la acompañaríamos con asesoría para ayudar a implementarla, con algunas propuestas para desarrollar cada etapa y si logramos el apoyo gubernamental, las dos etapas podrían ser realizadas en forma simultánea.

Esta proyección se puede llevar a cabo con las diferentes entidades: con los comunitarios, el sector privado y el sector público o los comunitarios, con el sector privado o También podría ser adaptado, para el sector privado o etc.

Nota

El desarrollo de esta idea, fue elaborada por mí en **GMHT (Consulting/Business Services)**

DIAGNOSTICO

1-se buscó informaciones sobre los turistas que visitan a Puerto Plata, para poder saber más sobre los visitantes que llegan a la zona. Así sabemos de dónde vienen y cuáles son sus objetivos.

2-Información sobre el eco-turismos que se ha estado implementado para ver si cumplía con el eco-turismo sostenible.

3-Se hizo unos estudios y con estos estudios se hicieron dos libros (**"Guananico su Historia** y Yo"- **"Arte-cultura y Merengue"**) buscando el pasado que nos permitió reflejar: la historia, el arte, la cultura y el merengue; relacionándola con la actualidad.

4-Se relacionó este estudio con las actividades actuales de Guananico

5-Se hizo una investigación sobre el proyecto que Guananico estaba implantando y porque estaba fallando.

6- pudimos hacer un análisis de cómo era la Convivencia Comunitaria de Guananico, para ver si armonizaba con el ambiente turista preferencial.

7- Cuales eran los servicios comunitarios actuales y cuales eran su deficiencia.

NOTA

Con todos esos elementos se pudo escoger que tipo de actividades podíamos sumarle a las ya establecida, como podíamos mejorar la existente y como podíamos aportar soluciones sin alterar el sistema ecológico de la zona.

Información turística

Los turistas que llegan a estas comunidades, no son los turistas convencionales. Estos turistas cada año, durante la época principal de las vacaciones; se desplazan hacia los lugares turísticos. Las mayorías son de Europa, formando unos embotellamientos en las vías y un caos, en los aeropuertos y estaciones de tren. El desarrollo económico, la ampliación de los derechos sociales, la limitación de la jornada laboral a ocho horas diarias para todos, y sus reglamentos legales, ha sido la condición material y jurídica de esta "invasión" de nuestro tiempo llamado turismo de masa. También provienen de muchos países. De mujeres y hombres que trabajan en las fábricas u oficinas cada día se enfrentan a una mayor presión para trabajar en una forma más eficiente y en una organización del trabajo más sofisticada. El mundo ha crecido la planificación de viaje, tomándolo como un escape y proyectan esos deseos hacia el tiempo libre y las vacaciones. El hecho de poder salir y viajar es un escape de fuga de una vida monótona. En la mayoría de los casos, viajar no significa un lugar específico, puede ser un lugar u otro, es simplemente escapar de la vida diaria, sin que el destino del viaje tuviera alguna incidencia.

NOTA

A los turistas el lugar no es lo más importante, pero si buscan un lugar que le fomente la fantasía de haber escapado, de todos los problemas que los afectan. Las comunidades que visiten estos turistas deben de brindar un gran equilibrio emocional.

Convivencia Comunitaria

La   convivencia comunitaria, crea esa   armonía que demandan estos turistas. Las comunidades que visiten estos turistas deben de brindarle confort al espiritual fuera de problemas sociales. Los comunitarios deben de aprender a   resolver en conjunto su diferencia, en donde todos los miembros comunitarios aportan sus conocimientos, ideas y puntos de vistas en busca de   soluciones rápidas, porque si hay una mala convivencia se siente en el ambiente logrando que el visitante se lleve una mala impresión.

Si se logra una convivencia colectiva,   la comunidad se convierte en un lugar más agradable y sano, donde la población pueda jugar, estudiar y desarrollarse como ciudadanos.   Logrando   una convivencia comunitaria basadas en la ética, la moral o leyes civiles.

Todos humanos buscamos cuales son nuestros derechos, pero omitimos buscar cuales son las normas éticas, la moral o leyes civiles para exigirlos. Nuestra liberta la empleamos bien cuando cumplimos con nuestro deber.

Pondremos un ejemplo, de algo que es muy usual en nuestra sociedad. Sabemos que una profesión nos hace   crecer como individuo, permitiéndonos tener un contacto con la sociedad, prestando un servicio, también se involucra lo psicólogo, humanístico y económico; siempre y cuando se aplica con ética, utilizándola para ayudar a las personas, para hacer que este mundo sea mejor, pero nos olvidamos que una profesión puede ser revertida si se aplica con arrogancia dañamos o destruimos la autenticidad de los demás y violan sus derechos fundamentales.

Podemos ajustar o no a nuestra conducta a las normas que nos impone nuestra propia conciencia (es decir, la ley moral) o a las que nos impone la sociedad (es decir, las leyes civiles). En esto reside nuestra grandeza o nuestras debilidades. Si lo hacemos, alcanzaremos nuestro perfeccionamiento moral; si no lo hacemos, no podremos llevar una vida moralmente normal y sana. La importancia es que si logramos una buena convivencia comunitaria, logramos armonizar nuestro ambiente que es captado por nuestro visitante y nos ayuda a no darle paso a la delincuencia, ni a la corrupción. Cuando tenemos una sociedad estructurada mal, los males viajan más rápido que un turista y no hay autoridades que puedan con este monstruo social que hemos alimentado por siglos.

NOTA

Necesitamos trabajar para encontrar esa armonía comunitaria, para que nuestros visitantes puedan disfrutar sus vacaciones y ellos no sean perturbados con los problemas de nuestra comunidad.

La noción ecoturismo

La noción ecoturismo, tiene interpretaciones muy diversas y no existe definición única aceptada. En la lengua cotidiana se utiliza este término para todas aquellas actividades turísticas que se llevan a cabo en áreas naturales. Por lo general, los conceptos del turismo de naturaleza y del turismo aventurero se utilizan como sinónimos de ecoturismo.

Aunque el ecoturismo tiene varias interpretaciones, los viajes hacia las áreas naturales debe tener como objetivo minimizar los impactos negativos en el medio ambiente y en los cambios socio-culturales que además produce oportunidades económicas y financieras en beneficio de las áreas protegidas y de las poblaciones locales.

 El financiamiento de áreas protegidas, tiene que ser compatible con la protección del medio ambiente y tiene que producir, una económica positiva. Debe existir compatibilidad entre la protección del medio ambiente y la estructura social que se logra mejorando el nivel de vida de la población local.

Hay que involucrar a la población local, en la selección, planificación y ejecución de opciones regionales de desarrollo, desde el inicio del proceso. Para eso, hay que plantear alternativas viables de proyectos, de los cuales se puede seleccionar según la prioridad definida con la población.

Los beneficios económicos de los proyectos turísticos deben servir también como instrumentos, como motor de un desarrollo regional, e incentivar actividades agropecuarias, artesanales, de micro empresas, etc... Los proyectos turísticos no deben provocar una dependencia mono estructural del turismo (actividades exclusivamente relacionadas con el sector de turismo), sino contribuir a la diversificación de la producción y de los servicios.

NOTA

El proyecto que la comunidad viene implantando en la actualidad, no cubre estos objetivos mencionados; Por tal motivo nosotros utilizando las éticas comerciales y los análisis realizados, para dar soluciones que mejoren todos estos inconvenientes.

OBJETIVO CENTRAL

El objetivo central es lograr una economía sostenible, con la cual la población pueda satisfacer las necesidades sociales y de la comunitaria.

Esto lo podemos lograr fortaleciendo los factores positivos existentes, modificando el factor negativo que has hecho que nuestra comunidad haya detenido su desarrollo y agregando otras actividades.

Haciendo un cambio en la forma en qué se está proyectando el turismo actual sin fines de lucro y se convierta en un proyecto de la comunidad para la comunidad. El proyecto actual está trayendo pocos beneficios a la población local y no cumplen con los requerimientos, de los proyectos ecoturísticos o turismo ecológico; por tal motivo se propone cambiar la forma de proyección turística.

Si logramos un turismo comunitario desarrollado por los comunitarios, los beneficios se quedarían en la población y podría ser discutido durante su desarrollo. Nuestra idea, puede entrar en discusión antes de llevarse a cabo, con el fin de lograr que nuestras propuestas coincidan con la meta de los comunitarios y al mismo tiempo se   planificaría un municipio atractivo que logre atraer a los visitantes.

NOTA

La idea, sería lograr que las autoridades trabajen junto a la comunidad para que se logren los elementos esenciales, para el crecimiento saludable de las familias comunitarias ecoturística de Guananico, pero si la autoridad no quiere participar hay más acciones disponibles.

OBJETIVOS PRINCIPALES

Los objetivos principales van dirigidos a fortalecer la producción, el comercio local, las pequeñas empresa, el turismo; de esta manera obtendríamos más fuentes de trabajos. Si logramos cumplir con todos estos objetivos tendríamos los fondos necesarios para las diferentes actividades: deportivas, fiestas tradicionales, centros artesanales y técnico, parques donde las familias pueda compartir al aire libre, etc... Crearía en la presente generación unas formas participativas que contribuyan a crear una mejor base para que el futuro inmediato, vea sus resultados.

NOTA

Si logramos mejorar la economía local con nuevos empleos e ingresos y la consolidación de los destinos, a través de la producción, el turismo diferenciado, competitivo y sostenible. Tendríamos una economía solidad que permitiría tener los fondos necesarios para cubrir las necesidades comunitarias. Una comunidad está compuesta de ama de casa, niños, adolescentes, jóvenes adultos, familia, la persona de la Tercera edad "ancianos", etc...). Todas estas etapas de la vida, de nosotros los seres humanos; deben estar incluidas en el proceso de desarrollo. El derecho de cada ciudadano es hacerla participe, porque forman parte de la comunidad y olvidarnos de algunos de ellos estaríamos violando sus derechos; Los ciudadanos necesitan disfrutar de manera igual, a veces en forma distinta, pero digna.

OBJETIVOS ESPECIFICOS

Los objetivos específicos se refiere a:

• Darle un Impulso mayor a la planificación de las bases comunitarias, acorde con las estrategias de gestión locales y los procesos de ordenamiento del territorio.

• Promover instrumentos de apoyo y fuentes de financiación para la comunidad, impulsando los canales de promoción y comercialización local.

• Brindar asistencia técnica, escuela de arte y música, con un impulso mayor hacia los desarrollos de las comunidades y a los destinos turísticos en forma local.

La diferencia de este proyecto, al que se está implementando; es que nuestro proyecto, se dirige a la comunidad, mientras que el proyecto actual, no ha logrado cubrir estos fines y poco se han podido beneficiar. Nuestra propuesta se basa a través de productos turísticos diferenciados, competitivos y sostenibles que les traerías a las comunidades participantes beneficios económicos, dejando atrás la participación sin fines de lucros. El turismo actual se ha venido implantado igual o parecido al "Turismo humanitario" que se emplean en países muy pobres, sin fines de lucros basándose en donaciones tantos locales, como internacionales, este método no ha logrado mejorar la calidad de vida de quienes lo practican.

NOTA

Sugerimos sumar nuestro proyecto, a los proyectos actuales, para crear una dinámica entre producción y turismo. De esta manera la comunidad obtendrá los recursos necesarios y podría realizar, todas las actividades que se requieren, como: deportes, fiesta del merengue, fiesta patronal y etc... Dejando atrás los métodos que en vez de atraer turista o visitante lo ahuyenta. Haciendo que estas comunidades; se convierta en   carga insostenible al medio que lo rodea.

DESARROLLO

El desarrollo de esta propuesta se dividió en dos etapas como dijimos antes, si logramos el apoyo gubernamental; las dos etapas podrían ser realizadas en forma simultánea.

GISA (Guananico International Services and Activities) nos brindó la asistencia para elaborar esta primera etapa.

Esta etapa se basara en fortalecer los factores positivos existentes y modificando el factor negativo que has hecho que nuestra comunidad haya detenido su desarrollo.

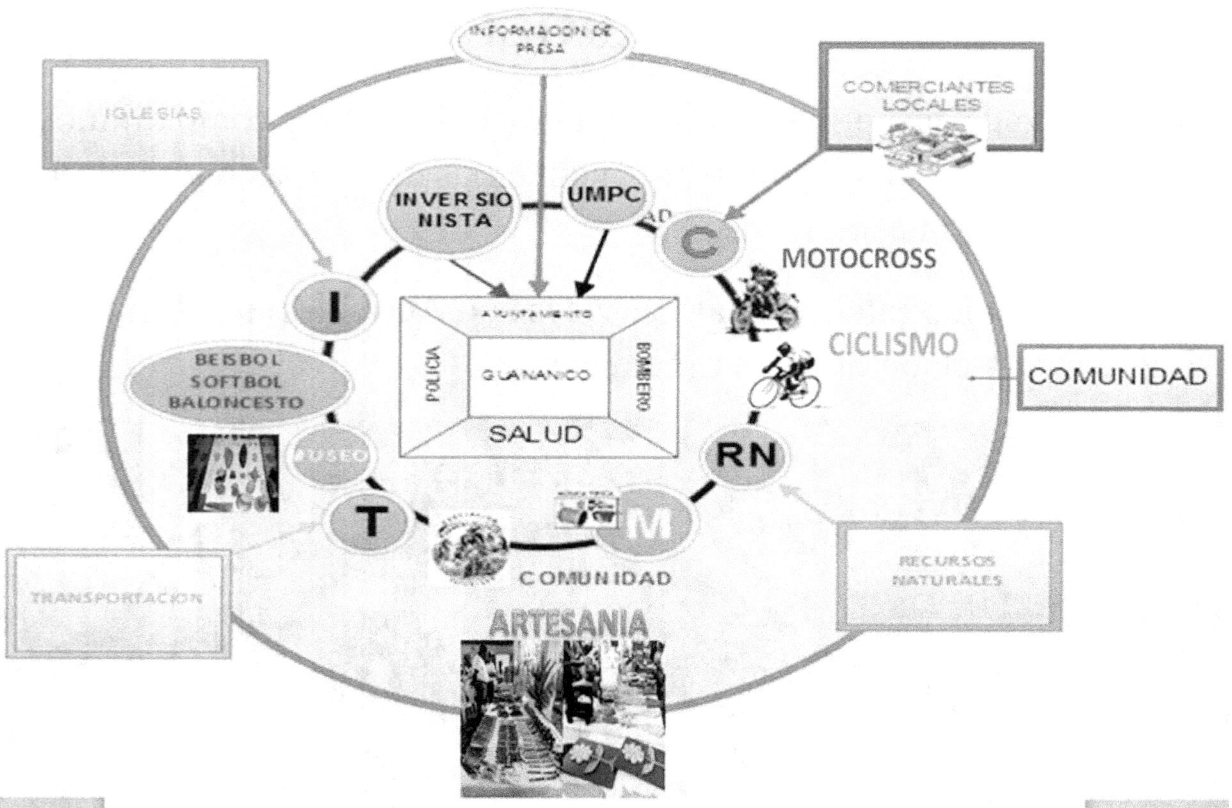

1-En el primer paso se integrarían las arias existentes turísticas; parecidas al "Turismo Humanitario" y convertirla en un turismo competitivo y sostenible. Buenos si las entidades que están dando los servicios existentes están de acuerdo o si no se podría hacer un turismo paralelo al actual. Nuestros productos pueden ser promovidos de tal forma que llamemos la atención para comenzar a atraer clientes y turistas; las formas serán:

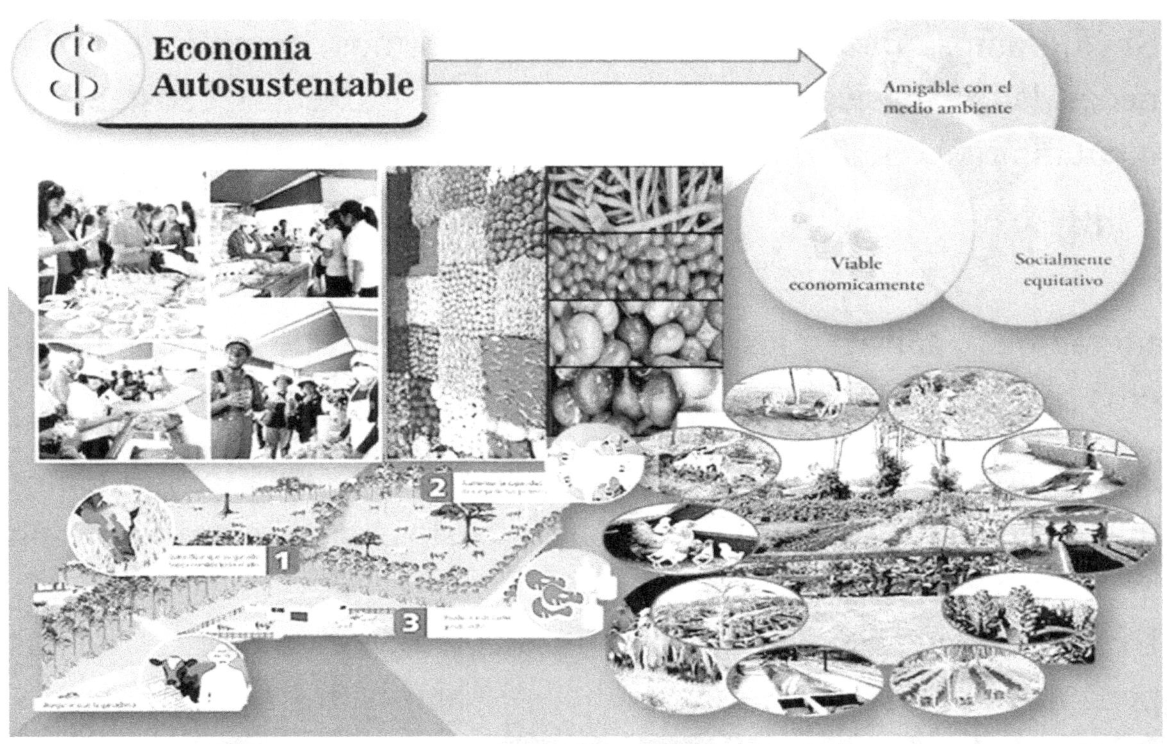

a- poniendo a trabajar los productores, las mini industriás y los comercios a su máxima capacidad.

b- De esta manera fortaleceríamos las fuentes de trabajos, el aprendizaje y fortalecer el comercio local.

c- Si logramos fortalecer estas áreas podemos cumplir con las necesidades básicas que presentan los proyectos, sostenibles comunitarios que forman parte de las zonas ecológicas.

2-Si logramos cubrir las necesidades básicas que presentan los proyectos sostenibles. Se haría logrando los siguientes:

a- Asegurando que todos sus habitantes tengan acceso a los alimentos que produce la comunidad a bajos costos, con la producción agrícola sostenible.
b- De esta manera mejoramos la formación y el bienestar de las personas que viven en este medio, produciríamos más empleos y así evitamos la migración masiva hacia las grandes ciudades o fuera del país.
c- A la vez protegemos y conservamos la capacidad de la base de recursos naturales, para seguir proporcionando servicios de producción, ambientales y culturales y
d- también protegemos la comunidad de los vicios y la delincuencia global.

NOTA

Si logramos mejorar la economía local ya tendríamos casi los objetivos mencionados cubiertos; dándole paso a una comunidad hacia un gran futuro. La segunda etapa será para ser más atractiva nuestra área turística y reafirmar el turismo futuro que en caso de algunas eventualidades de sequía o lluvias que afecte nuestra área, no pare el flujo turístico y de esta manera creamos una economía solidad.

La segunda etapa

Esta segunda etapa se tomó los servicios de GuaTour (Guananico Tour) y nos apoyaremos en el libro "Arte-Cultura y Merengue".

Nuestro Objetivo, es hacer de Guananico un foco turístico de la parte noroeste. Guananico se dedicara a la cultura en general; integrando la cultura que se ha venido implantando, enriqueciéndola con otros elementos, ya estudiados.

En la cual podríamos hacer una integración de municipios en forma participativa y los gastos serían compartidos y enriqueceríamos el turismo con aventuras culturales. Los nuevos elementos le darán un gran atractivo, fortalecerían la cultura y todos en la comunidad tendrían participación.

En estas dos etapas participarían tanto las autoridades públicas y la comunidad en general, si esto puede ser posible; con el fin de que los ayuntamientos puedan recaudar los fondos necesarios, para crear: los espacios necesarios, mantenimiento, planeamiento y todos los gastos que se le sumarían a un municipio en desarrollo.

Proyeccion Eco-turistica

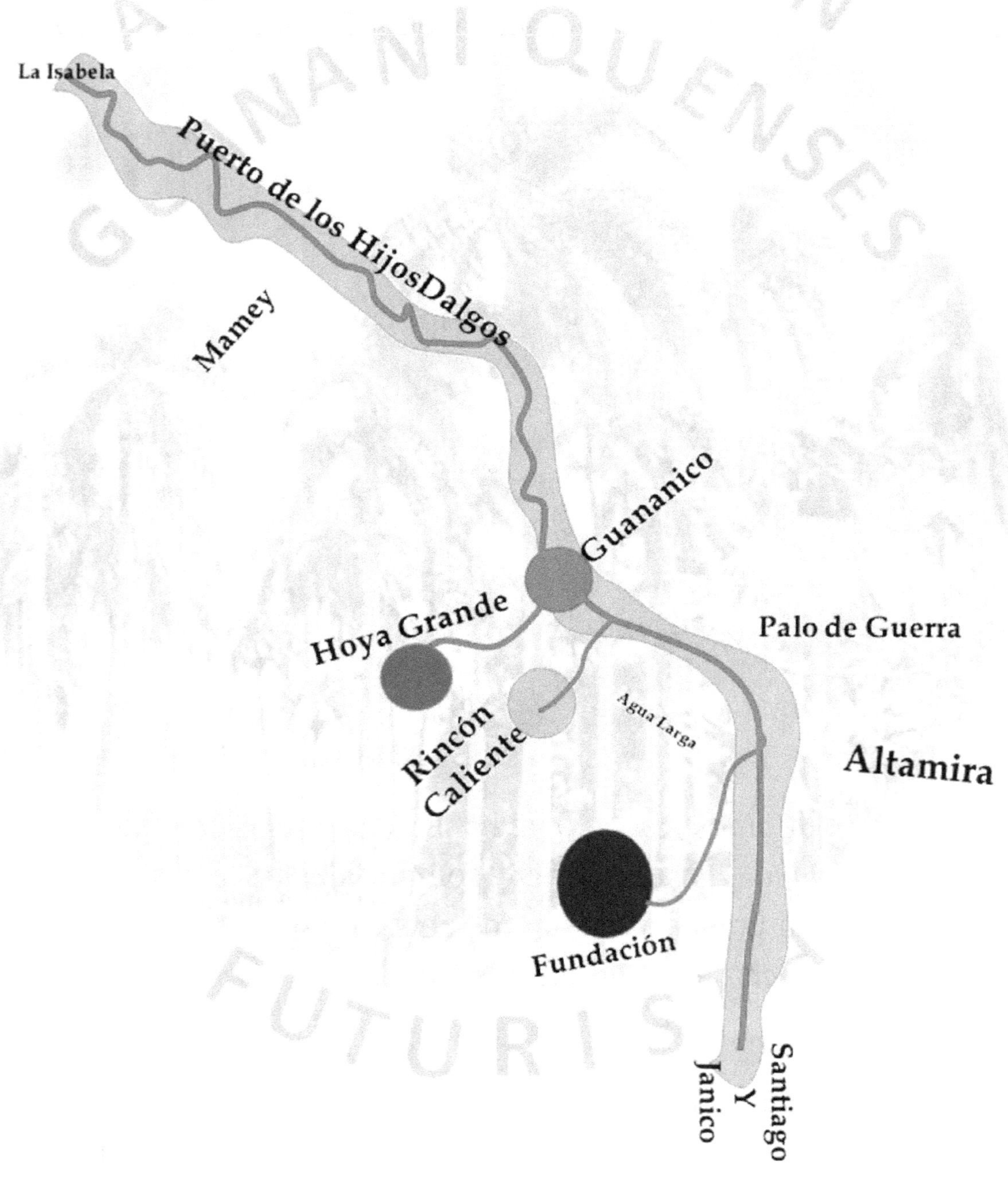

CONCLUSIÓN

Nuestra conclusión es; si logramos activar la producción, las pequeñas industrias, los comercios y el turismo; no solamente, mejoraríamos la formación y el bienestar de las personas que viven en este medio; sino que el ayuntamiento podría obtener más fondo para hacer estudio y planeamiento municipal.

De esta manera podríamos conocer hacía, donde podríamos extender las áreas urbanas y se podría prever el empalme de los servicios existentes, con las nuevas proyecciones.

Guananico, podría ser un ejemplo a seguir, atraería muchos visitantes, pero si las autoridades municipales, no desean tomar participación activa; este proyecto podría desarrollarse en forma privada, pero no tendría el mismo impacto; porque los fondos que llegarían al ayuntamiento serían mínimos y las demandas muchas.

Los detalles de esta propuesta se desarrollaran en el municipio de Guananico y puede ser presentada a la máxima autoridades de los ayuntamientos, a las autoridades gubernamentales del país y a las empresas privadas, para su financiamiento.

GMHT-2016

Esta propuesta fue elaborada en forma de colaboración, para darle soluciones a los problemas que fueron presentados por la Directora General Grecia M. Hiraldo Tamayo de la asociación Virtual "Asociación Guananiquenses futurista". Asociación que está representada con una directiva y sus asociados.